Large Print
ANY YEAR
Floral Diary

For the year:

____

Published in the UK by Montpelier Publishing, London.

January

1

2

3

4

5

6

7

January

8

9

10

11

12

13

14

January

15

16

17

18

19

20

21

January

22

23

24

25

26

27

28

January

29

30

31

February

1

2

3

4

5

6

7

February

8

9

10

11

12

13

14

February

15

16

17

18

19

20

21

February

22

23

24

25

26

27

28

February

29

March

1

2

3

4

5

6

7

March

8

9

10

11

12

13

14

March

15

16

17

18

19

20

21

March

22

23

24

25

26

27

28

March

29

30

31

April

1

2

3

4

5

6

7

April

8

9

10

11

12

13

14

April

15

16

17

18

19

20

21

April

22

23

24

25

26

27

28

April

29

30

May

1

2

3

4

5

6

7

May

8

9

10

11

12

13

14

May

15

16

17

18

19

20

21

May

22

23

24

25

26

27

28

May

29

30

31

June

1

2

3

4

5

6

7

June

8

9

10

11

12

13

14

June

15

16

17

18

19

20

21

June

22

23

24

25

26

27

28

June

29

30

July

1

2

3

4

5

6

7

July

8

9

10

11

12

13

14

July

15

16

17

18

19

20

21

July

22

23

24

25

26

27

28

July

29

30

31

August

1

2

3

4

5

6

7

August

8

9

10

11

12

13

14

August

15

16

17

18

19

20

21

August

22

23

24

25

26

27

28

August

29

30

31

September

1

2

3

4

5

6

7

September

8

9

10

11

12

13

14

September

15

16

17

18

19

20

21

September

22

23

24

25

26

27

28

September

29

30

October

1

2

3

4

5

6

7

October

8

9

10

11

12

13

14

October

15

16

17

18

19

20

21

October

22

23

24

25

26

27

28

October

29

30

31

November

1

2

3

4

5

6

7

November

8

9

10

11

12

13

14

November

15

16

17

18

19

20

21

November

22

23

24

25

26

27

28

November

29

30

December

1

2

3

4

5

6

7

December

8

9

10

11

12

13

14

December

15

16

17

18

19

20

21

December

22

23

24

25

26

27

28

December

29

30

31

www.ingramcontent.com/pod-product-compliance
Lightning Source LLC
Chambersburg PA
CBHW080041260726
48658CB00007B/2694

* 9 7 8 1 7 2 0 9 2 5 7 6 7 *